수학마녀의
백점 수학

공부귀신 · 2
수학마녀의 백점 수학

1판 1쇄 발행 | 2009년 6월 19일
1판 14쇄 발행 | 2022년 5월 15일

글쓴이 | 서지원
그린이 | 아리
펴낸이 | 정중모
펴낸곳 | 파랑새

등록 | 1988년 1월 21일 (제406-2000-000202호)
주소 | 경기도 파주시 회동길 152
전화 | 031-955-0670
팩스 | 031-955-0661

ⓒ 서지원 | 아리, 2009
ISBN 978-89-6155-161-8 73810

- 책값은 뒤표지에 있습니다.
- 저작자와의 협의에 의해 검인지를 생략합니다.
- 저작자와 출판사의 허락 없이 이 책의 일부 또는 전체를 인용하거나 발췌하는 것을 금합니다.

어린이제품안전특별법에 의한 제품 표시
제조자명 파랑새 | 제조년월 2022년 5월 | 제조국 대한민국 | 사용연령 7세 이상

1·2학년 교과서 수학원리동화

수학마녀의
백점 수학

글 서지원 | 그림 아리

파랑새

작가의 말

오르골에 가서 수학 마법을 배우자!

두둥~ 내가 누구게? 내 이름은 치오나. 직업은 마녀란다. 마녀 알지?
코에 사마귀가 나고, 뾰족한 검은 모자를 쓰고, 박쥐를 애완동물로 키우고,
빗자루를 타고 빙글빙글 하늘을 나는 할머니 말이야.
나는 오르골에 살아. 오르골에는 너희 세상에 있는 건 없고, 없는 건 다 있어.
초콜릿이 열리는 돼지 코 나무도 있고,
너랑 결혼할 사람의 얼굴을 미리 볼 수 있는 항아리도 있어.
그리고 무엇보다 수학을 아주 잘하도록 만들어 주는 마법이 있지.
혹시 수학 문제만 풀려고 하면 감기에 걸린 것처럼 머리가 욱신욱신 쑤시고,
코가 맹맹해지지 않니? 그런 아이는 어서 빨리 오르골로 와야 해.
그러면 내가 마법을 하나씩 걸어 줄게. 지끈지끈 아픈 머리가 물파스를
바른 것처럼 시원해지면서 어려운 수학 문제를 술술 풀게 될 거야.
지렁이잼을 걸고 약속할게.

그런데 어른들은 왜 골치 아픈 수학을 만들어서 너희를 괴롭히냐고?
세상은 수학으로 이뤄져 있어. 수학을 모르면 세상을 살아갈 수 없단다.
수학을 배우는 건 사람만이 아니야. 동물도, 곤충도 수학을 배우지.
까마귀도 수를 셀 줄 알아. 사냥꾼이 잡으러 오면 한 명, 두 명 수를 센다고.
비둘기와 앵무새는 다섯 이상 셀 수 있고, 어떤 곤충은 스물다섯까지 센대.
벌들은 육각형 모양으로 집을 지어. 육각형이 튼튼한 도형이기 때문이야.
새들은 새알을 길쭉하면서 둥근 모양으로 낳아. 그래야 둥지에서
잘 굴러 떨어지지 않거든. 이게 다 수학의 원리를 이용한 거야.
이 책은 수학 책이 아니란다. 수학을 즐기는 모험 이야기란다.
모험을 즐기다 보면 수학쯤은 저절로 잘하게 될 거야. 해골 호박을 걸고 맹세하지.
오르골로 오고 싶다고?
그렇다면 어서 책을 펼쳐 봐. 오르골로 오는 방법이 적혀 있거든.
수학을 무지무지 잘하는 꼬마 마녀로 만들어 주마.

치오나 마녀인 척하는
서지원

차례

 우리 집 거울 속에 마녀가 산다고? 10

 마녀의 부엌에서 무슨 일이 생겼을까? 26

마녀에게 배우기
- 10을 여러 가지 방법으로 가르기
- 여러 가지 방법으로 10이 되게 모으기
- 10이 되는 더하기
- 10에서 빼기

 돼지 코 괴물의 이빨 뽑기 50

마녀에게 배우기
- 세 수의 덧셈
- 세 수의 혼합계산
- 세 수의 뺄셈
- 몇십 몇 + 몇십 몇
- 몇십 몇 − 몇십 몇

 외눈박이 대왕의 마법 항아리 76

마녀에게 배우기
- 두 수의 합이 10인 세 수의 덧셈
- 받아올림이 있는 덧셈
- 받아내림이 있는 뺄셈

 거인 할아버지는 세상의 시간을 돌리네 98

마녀에게 배우기
- 몇 시인지 알아 보기
- 몇 시 30분인지 알아 보기
- 시계 보기

이 책에 나오는 친구들과 마법 도구들

나나와 함께 거울 속 마법의 세계 '오르골'로 떠날래요?
분홍색 곰 인형 하로와 하얀 수염의 늙은 고양이 심바와 함께요.
오르골의 마녀는 여러분이 수학을 하나씩 배울 때마다
신기한 마법 도구를 선물로 준답니다.

나나

수학을 왕거미보다 싫어했지만 지금은 수학이 무지무지 좋은 이 책의 주인공.

하로

나나가 날마다 안고 자는 분홍색 곰 인형. 오르골에서 왔어요.

심바

수학을 할 줄 아는, 세상에서 단 한 마리뿐인 고양이.

치오나 마녀

모르는 것도 없고, 못 하는 것도 없는 놀라운 마녀.

 오르골로 들어가는 비밀 통로.
오래된 거울

 먼지를 일으키며 바람처럼 달려요.
바람구두

 어려운 더하기와 빼기 셈을 잘할 수 있게 해 줘요.
셈반지

 다른 사람의 마음이 보여요.
마음안경

 시곗바늘을 거꾸로 돌리면 시간이 내 맘대로 뒤로 가요.
내맘대로시계

 영상통화 휴대폰처럼 언제든 마녀를 만날 수 있게 해 줘요.
손거울

 "이랴!"하고 말하면 하늘을 날아요. 이따금 뒤집히기도 하니 조심!
하늘목마

우리 집 거울 속에 마녀가 산다고?

수학이 싫어 수학 책을 뜯어 먹는 나나.
하지만, 걱정 마!
마법을 걸면 금방 잘할 수 있을 거야!

얘는 나나예요.
그 옆에서 하품을 늘어지게 하는 늙은 고양이는 심바고요.
얌전하게 앉아 있는 분홍색 곰 인형은 하로예요.
하로는 리본이 떨어지고 천이 닳을 만큼 낡았지만
나나에게 둘도 없는 소중한 친구이자 가족이에요.
하로와 심바는 나나가 태어날 때부터 함께 있었으니까요.
나나는 하로랑 심바와 함께 있으면 언제나 즐거웠어요.
머리 아픈 일도, 기분 나쁜 일도 금방 잊을 수 있으니까요.

하지만 그건 어제까지였고요.
오늘은 정말 속상한 일이 생겼나 봐요.
나나의 입술을 좀 보세요.
뽀로통 튀어나온 게 옷을 걸어도 될 지경이에요.
나나에게 무슨 일이 생긴 걸까요?

"너희는 좋겠어. 수학을 안 해도 되잖아."
나나는 턱을 괴고는 하로와 심바에게 투덜거렸어요.
"골치 아픈 시험을 안 봐도 되고
칠판 앞에 불려 나가 문제를 안 풀어도 되고
수학 못 했다고 엄마한테 혼날 걱정을
안 해도 되고…."

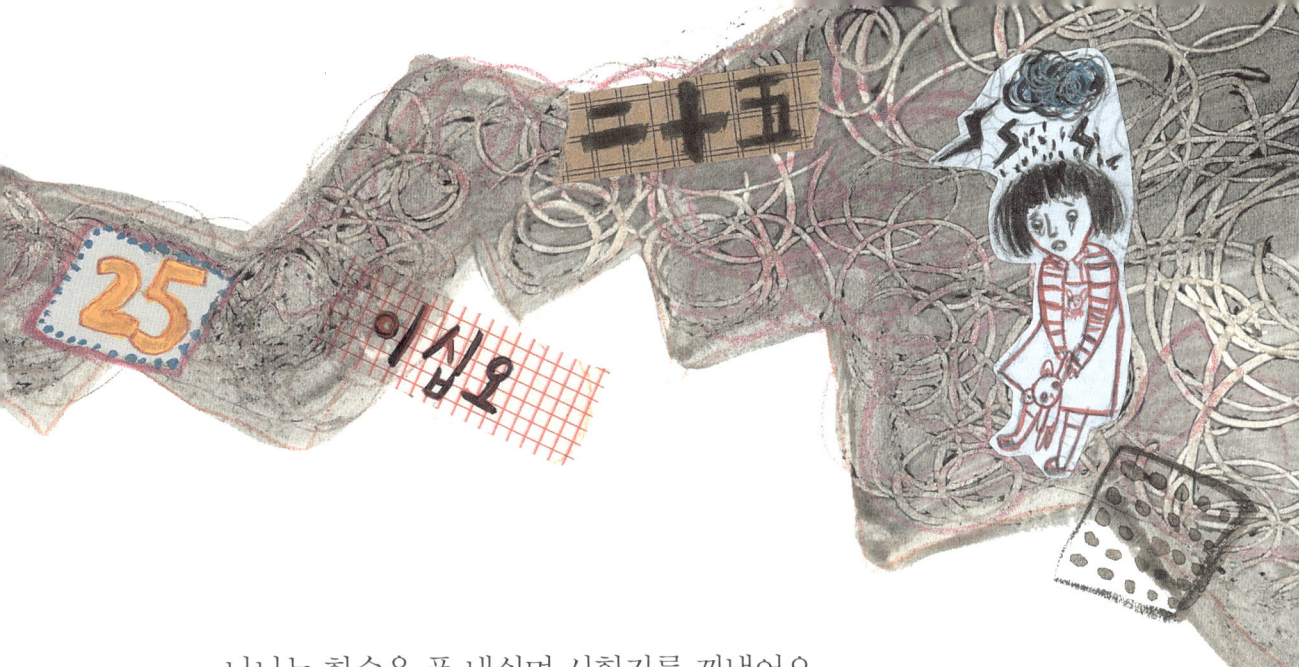

나나는 한숨을 폭 내쉬며 시험지를 꺼냈어요.
"엄마가 이걸 보면 날 가만두지 않을 거야!"
수학 시험지에는 빨간 색연필로 '25점'이라고 쓰여 있었어요.
"대체 누가 수학을 만든 거지?
나같이 착한 아이를 괴롭히려고 나쁜 어른들이 만들었을 거야."
나나는 울상을 지었지만, 심바는 들은 척 만 척 가 버렸고
하로는 창문틀에서 데구루루 굴러 떨어졌어요.
"맙소사! 25점이란 점수는 태어나서 처음 보는구나."
시험지를 받은 엄마는 못 볼 걸 봤다는 듯 눈을 질끈 감았어요.
"넌 손가락도 없니? 셀 줄만 알아도 이것보다 잘하겠다!"
엄마의 속눈썹이 부르르 떨렸어요.
"넌 어른이 돼도 시장에 못 갈 거야. 거스름돈도 계산 못 할 테니!"
나나는 훌쩍훌쩍 울면서 방 안으로 뛰어 들어갔어요.
침대에 누워 울던 나나는 스르르 잠이 들고 말았어요.

"어떡하지? 불쌍해서. 베개가 다 축축하게 젖었어."
"눈도 퉁퉁 부었어. 눈물을 한 동이는 쏟았을 거야."
도란도란 속닥속닥 누군가 잠든 나나 옆에서 떠들고 있었어요.
"나나가 수학을 잘하게 할 방법이 없을까?"
"나나는 수학을 싫어하는 걸! 왕거미보다 더 싫어해.
지난번에는 수학 책 귀퉁이를 찢어 염소처럼 씹더라.
지겨워, 지겨워, 중얼거리면서…."
나나 곁에서 떠드는 건 바로 심바와 하로였어요.
"좋은 수가 있어! 마법으로 하면 어떨까?"
하로가 천으로 꿰맨 퉁퉁한 손을 흔들며 말했어요.
"마녀에게 데려가자!
주문을 외우면 수학쯤은 금방 잘할 수 있을 걸."

걱정하지 마, 나나.

하로와 심바는 잠이 든
나나의 볼을 만지며 말했어요.
"나나야, 일어나 봐.
갈 데가 있어."
나나가 눈을 떴더니 심바와
하로가 말을 하는 게 아니겠어요?
깜짝 놀란 나나는 눈을 비비며
벌떡 일어났지요.

어라 심바가 말을 한다!! 하로도 말을 한다!!!

"너희들, 말할 수 있었던 거야?"
"지금까지 말하기가 귀찮아서 안 했을 뿐이야."
나나는 납작 엎드려 하로와 심바를 신기한 듯 바라봤어요.
"이럴 때가 아니야. 널 위해 우리가 작전을 세웠다고."
"작전?"
나나가 눈을 동그랗게 뜨며 물었어요.
"수학을 잘하도록 마녀에게 부탁하는 작전 말이야."
하로가 나나의 목에 매달리며 재촉했어요.

"마녀가 어디 사는데?"
나나의 눈동자가 반짝반짝 빛났어요.
"바로 저기!"
하로가 솜이 튀어나온 손으로 한쪽 벽을 가리켰어요.
거기에는 아주 낡고 오래된 커다란 거울이 있었지요.
아침마다 나나가 머리를 빗으며 바라보던 거울요.
"저건 그냥 거울이 아니야. 오르골로 가는 비밀 통로야."
"오르골?"
나나는 고개를 길게 내밀었어요.
"오르골은 마법의 세계야.
우리도 저 거울을 통해 오르골에서 이곳으로 온 걸."
"오르골에는 치오나 마녀가 살고 있어."
심바가 귀를 쫑긋거리며 꼬리를 치켜세웠어요.
나나는 거울을 빤히 들여다봤어요.
눈이 부은 자기 얼굴만 보였어요.

심바가 오른쪽으로 세 바퀴 빙글빙글 돌았어요.
"거울아, 네 입을 열어라. 오르골로 가련다. 아탕바탕 쿵쿵야."
그리고 앞발을 길게 뻗어 노크를 하듯 거울을 두드렸어요.
톡톡톡 톡톡톡.
그러자 거울에는 물처럼 잔잔한 물결이 일어났어요.
심바는 폴짝 뛰어 거울 속으로 넘어갔어요.
하로도 쑤욱, 하고 거울 속으로 들어갔어요.
"어서 와. 늦게 돌아오면 부모님이 뭐라 하실 거야."
거울 속에서 하로가 손을 내밀었어요.
나나는 조심스럽게 머리를 천천히 들이밀었어요.
"어? 여기는 바로…."
거울 속은 나나가 너무나 잘 아는 곳이었어요.

나나의 방과 똑같은 방이 거울 속에도 있었어요.
오른쪽 왼쪽만 바뀌었을 뿐 모든 게 똑같았어요.
"나나 공주님, 오르골에 오신 걸 환영합니다."
심바가 허리를 숙이며 왕자처럼 정중히 인사하고는
방문을 활짝 열었어요.
눈부신 햇살이 쏟아져 들어왔어요.
양탄자 같은 푸른 초원이 끝없이 펼쳐져 있고
부드러운 바람을 타고 향긋한 꽃냄새도 풍겼어요.

코끼리, 사자, 악어… 온갖 모양의 구름들이 두둥실 떠다녔어요.
"저기 보여? 저 성이 치오나 마녀가 사는 곳이야."
까마득히 멀리 떨어진 언덕 위에는 오래된 성이 있었어요.
"저렇게 먼 곳까지 걸어가야 해?"
나나가 걱정스러운 목소리로 물었어요.

"오르골은 거꾸로 세계야. 거꾸로 걸으면 더 빨리 가."
하로와 심바는 뒤로 돌아 거꾸로 걷기 시작했어요.
나나도 넘어지지 않게 조심하면서 거꾸로 걸었지요.
갑자기 휙휙 바람이 갈라지는 소리가 나더니
나무들이 재빠르게 뒤로 도망가는 거예요.
열차에 탔을 때 창밖에 보이는 모습처럼요.
몇 걸음 걷지 않았는데 어느새 마녀의 성에 도착했어요.
검은 박쥐들이 성 부근을 빙글빙글 날고 있었어요.
성문에는 비뚤비뚤한 글씨로 이렇게 쓰여 있었지요.

배부른데 더 먹고 싶은 사람
예쁜데 더 예뻐지고 싶은 사람
공부 잘하는데 더 잘하고 싶은 사람
이런 사람은 빼고
바라는 게 있으면 누구든 들어오라.
※ 수학 때문에 엄마한테 혼난 사람 환영!

성문이 저절로 열리더니 어둠 속에 햇불이 불붙었어요.
나나는 심바와 하로를 따라 뚜벅뚜벅 성 안으로 들어갔어요.
조금 무섭긴 했어도 수학을 잘하려고 용기를 냈답니다.

덧셈과 뺄셈을 잘하고 싶니?
10을 잘 가르고, 모으는 걸
할 줄 알아야 해.
그러면 더하기와 빼기는
식은 죽 먹기지.

오래된 나무문이 삐걱 소리를 내며 열렸어요.
쪼글쪼글 주름살이 많은 할머니가 뾰족한 검은 모자를 쓰고
있었어요. 목에 걸린 구슬 목걸이에서 신비한 빛이 반짝였어요.
"오랜만이구나, 심바. 하로도 같이 왔구나."
할머니는 입을 꾹 다물고 있는데도 목소리가 들렸어요.
가만히 봤더니 할머니가 쓴 모자가 주름을 접으며 대신
말하는 거였어요.

"오늘은 못 보던 꼬마 아가씨와 함께 왔구나."
심바가 책상 위로 사뿐 뛰어올랐어요.
"마녀님, 수학을 잘하는 마법을 걸어 주실 수 있나요?"
치오나 마녀가 나나를 살펴보자 하로가 끼어들었어요.
"얘는 나나인데, 엄마한테 혼나서 눈이 붓도록 울었어요."
"쯧쯧, 수학을 못 하면 엄마들이 괴물로 변한다는 소리는 들었다.
수학을 못 하면 머리가 욱신욱신 코가 맹맹해지지."
마녀는 나나의 마음을 이해한다는 듯 고개를 끄덕였어요.

나나는 용기를 내서 마녀에게
말했어요.
"제게 마법을 걸어 주세요!
별로 아프지 않은 걸로요.
아주 쓴 약초를 달여 먹는다거나
몸이 비비 꼬이는 마법 말고요."
"흠."
마녀는 탁자 위로
손가락을 까닥까닥 두드렸어요.
"하나도 안 아픈 마법이 있긴
하다만, 조건이 있어."
"조건요?"
"내가 준 만큼 너도 내게
줘야 해."
"뭘요? 돈 같은 거요?"
나나는 놀란 얼굴로 물었어요.
"아니, 돈은 필요 없다.
마법으로 만들면 되니까.
그보다 훨씬 소중한 걸
내놓아야 해."

나나는 문득 동화 속 인어공주가 떠올랐어요.
마녀가 사람처럼 다리를 만들어 주는 대신
목소리를 달라고 했잖아요.
겁이 난 나나는 자기 목을 어루만지며 망설였어요.
마녀는 안경알이 없는 안경을 꺼내 쓰며 말했어요.
"네 목소리는 필요 없어. 난 말하는 모자가 있으니까."
나나는 말도 안 했는데 신기하게도
마녀는 나나의 생각을 다 알고 있었어요.
"이 마음안경을 쓰면 네가 무슨 생각을 하는지 다 보이지."
마녀는 나나의 얼굴을 들여다보며 빙긋 웃었어요.

"흠!"

마녀는 탁자 위로 다시 손가락을 또닥또닥 두드렸어요.

나나를 위아래로 훑어보며 골똘히 생각하는 것 같았어요.

"나나는 혼자 집도 잘 보고 심부름도 잘해요."

하로가 말하자 심바도 "맞아요, 맞아"하고 거들었어요.

마녀는 고개를 끄덕였어요.

"그렇다면 집안일을 도와주고 심부름을 하는 건 어떨까? 보다시피 난 너무 늙어 힘이 없는 데다가

지난번에 빗자루에서 떨어진 후로 허리가 시원치 않단 말이야."
"좋아요. 얼마든지 할게요."
나나는 어떤 일인지 물어 보지도 않고 약속을 하고 말았어요.
"잘 생각했다. 오늘부터 널 내 조수로 임명하마.
내가 시킨 일을 잘할 때마다 수학 마법을 하나씩 걸어 주마.
지끈지끈한 머리가 물파스를 바른 것처럼 시원해지면서
어려운 수학 문제를 쓱쓱 풀게 될 게야."
마녀는 나나에게 뾰족 모자와 검은 원피스, 빨간 구두를
주었어요. 그걸 입자 나나는 정말 꼬마 마녀처럼 보였지요.

"내일은 외눈박이 왕국을 다스리는 이마가득눈 대왕의
생일이야. 내게 케이크를 만들어 달라는 부탁을 하더구나."
마녀는 종이에 뭔가를 적어 나나에게 건넸어요.
"곳간에 가서 이 음식 재료들을 가져오너라."
하로를 품에 안은 나나는 심바와 함께 곳간으로 갔어요.
복도 끝에 있는 곳간은 어두침침했고 거미줄이 쳐져 있었어요.
마법에 쓰는 마른 약초들과 약병들, 자루들이 잔뜩 널려 있었지요.
"해골 호박 10개를 가져오라는데?"
나나가 종이를 보고는 주변을 두리번거렸어요.
"흐악! 이게 뭐야?"

곳간의 한쪽 구석에 해골들이 쌓인 무덤이 보였어요.
자세히 봤더니 해골과 똑같이 생긴 호박이었지요.
"호박이 크고 무거워서 한꺼번에 다 들고 갈 수 없겠어."
나나가 말하자 하로는 고개를 갸우뚱하며 고민했어요.
"두 무더기로 갈라서 가져가면 돼. 어떻게 갈라야 할까?"

"이쪽에 1개를 놓으면 저쪽은 9개,
이쪽에 2개를 놓으면 저쪽은 8개…."
하로는 해골 호박을 머리에 이고는
바쁘게 옮기기 시작했어요.
"어휴!" 하고 심바가 한심하다는 표정을 지었어요.
"그러다가 밤새겠어.
10개를 가르는 방법은 9가지야."

아하, 그렇구나!

10 🎃🎃🎃🎃🎃 / 🎃🎃🎃🎃🎃 →	① 🎃	⑨ 🎃🎃🎃🎃 / 🎃🎃🎃🎃🎃
10 🎃🎃🎃🎃🎃 / 🎃🎃🎃🎃🎃 →	② 🎃🎃	⑧ 🎃🎃🎃🎃 / 🎃🎃🎃🎃
10 🎃🎃🎃🎃🎃 / 🎃🎃🎃🎃🎃 →	③ 🎃🎃🎃	⑦ 🎃🎃🎃🎃 / 🎃🎃🎃
10 🎃🎃🎃🎃🎃 / 🎃🎃🎃🎃🎃 →	④ 🎃🎃🎃🎃	⑥ 🎃🎃🎃 / 🎃🎃🎃
10 🎃🎃🎃🎃🎃 / 🎃🎃🎃🎃🎃 →	⑤ 🎃🎃🎃🎃🎃	⑤ 🎃🎃🎃 / 🎃🎃
10 🎃🎃🎃🎃🎃 / 🎃🎃🎃🎃🎃 →	⑥ 🎃🎃🎃🎃🎃 / 🎃	④ 🎃🎃 / 🎃🎃
10 🎃🎃🎃🎃🎃 / 🎃🎃🎃🎃🎃 →	⑦ 🎃🎃🎃🎃🎃 / 🎃🎃	③ 🎃🎃🎃
10 🎃🎃🎃🎃🎃 / 🎃🎃🎃🎃🎃 →	⑧ 🎃🎃🎃🎃🎃 / 🎃🎃🎃	② 🎃🎃
10 🎃🎃🎃🎃🎃 / 🎃🎃🎃🎃🎃 →	⑨ 🎃🎃🎃🎃🎃 / 🎃🎃🎃🎃	① 🎃

"아! 5개-5개씩 갈라서 가져가면 되겠구나!"

나나가 손뼉을 쳤어요.

"그 다음 가져갈 건 지렁이로 만든 잼 10병이야."

나나가 징그럽다는 표정을 지으며 부르르 떨었어요.

심바가 먼지 쌓인 선반을 가리키며 입맛을 쩝 다셨어요.

"요정 눈물 옆에 있는 병이 지렁이 잼이야. 맛있게 생겼는걸."

나나는 사다리를 놓고 선반에 기어 올라갔어요.

양손에 1병씩 2병을 갖고 내려왔어요.

"몇 병이 더 있어야 해?"

나나가 묻자 심바가 대답했어요.

"10병이 되도록 모아야지.

10을 모으는 것도 10을 가르는 거랑 같아. 9가지야."

아하, 그렇구나!

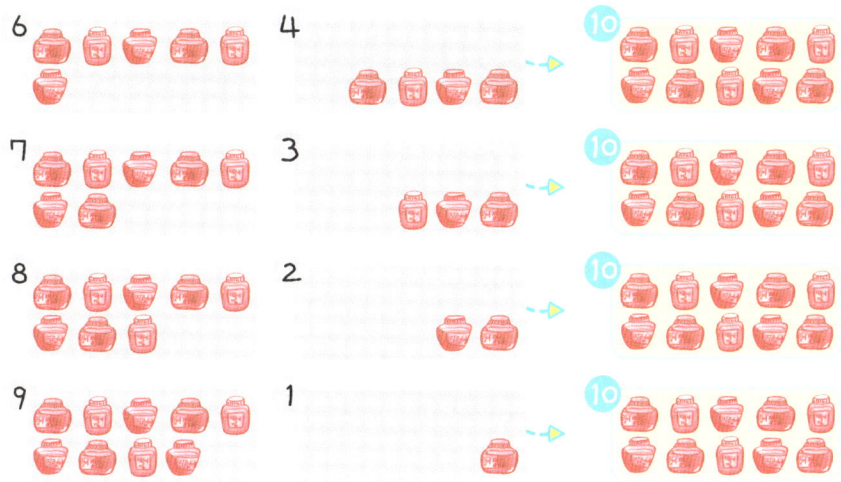

"내가 2병을 가져왔으니까 8병을 더 가져와야겠구나."
나나는 다시 선반으로 올라가 바구니에 8병을 담아 왔어요.
"이제 남은 건 말린 딱정벌레 10마리야."
마침 천장에 매달아 놓은 딱정벌레들이 보였어요.
하로가 나나의 목에 매달려 딱정벌레를 따면서 물었어요.
"4마리 모았어.
10마리가 되려면 몇 마리를 더 모아야 해?"
"□ 마리!"

4 + ( ) = 10

"치오나 마녀님, 다 가져왔어요."
나나는 음식 재료를 들고는 끙끙거리며 부엌으로 돌아왔어요.
마녀는 흐뭇한 미소를 짓더니 손가락을 탁, 하고 튕겼어요.
그러자 커다란 가마솥 밑으로 장작불이 훨훨 타올랐어요.
"이마가득눈 대왕이 가장 좋아하는 간지럼 케이크를
만들어야겠어. 한 입만 먹어도 미친 사람처럼
기분이 좋아져서 웃음이 그치질 않거든."
마녀는 선반에서 낡고 두꺼운 책을 꺼내 펼쳤어요.
"눈이 나빠서 잘 보이지 않는구나. 나나야, 읽어 보렴."

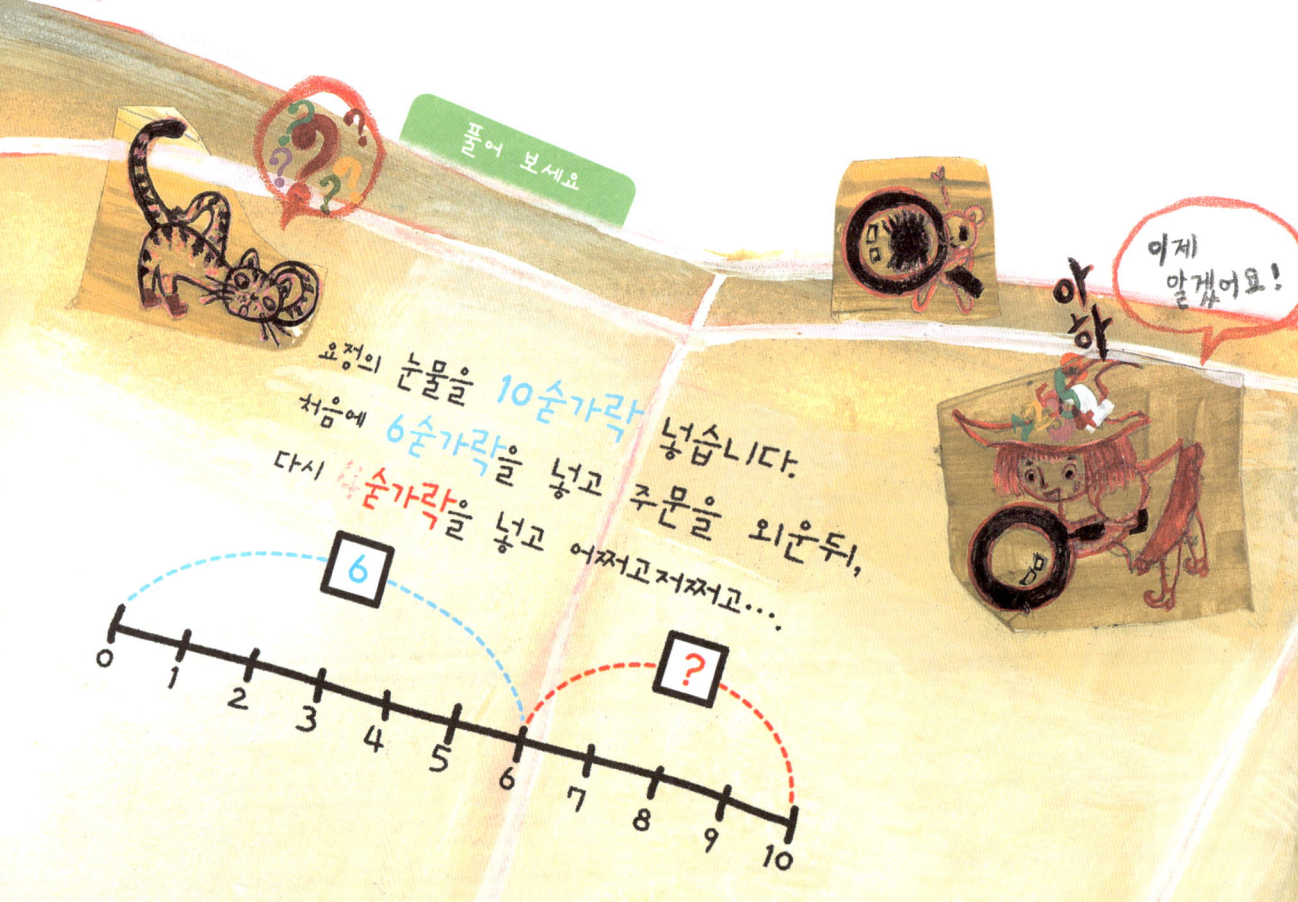

"요정의 눈물을 10숟가락 넣으래요.
먼저 6숟가락을 넣고, 주문을 외우고, 다시…."
"다시 뭐냐?"
"숫자가 지워져서 잘 보이지 않아요."
나나는 대답을 하지 못하고 우물쭈물 당황했어요.
"더하기를 식으로 만들어 보렴. 6 + □ = 10이니까 □는 뭐지?"
"4요. 4숟가락을 넣으면 돼요."
"그렇지! 훌륭한 마녀가 되려면 그쯤은 할 줄 알아야 한단다."
마녀가 요정 눈물을 담은 병뚜껑을 열자
까르르 웃는 소리가 들렸어요.
"요정들은 웃을 때 눈물을 흘린단 말이야."

와장창 쨍그랑!
"어이쿠, 이게 뭐냐? 내가 제일 아끼는 박쥐 접시를 깨 버렸구나."
마녀가 인상을 찌푸렸어요.
나나가 그릇을 꺼내다가 그만 접시들을 떨어뜨렸거든요.
바닥에 떨어진 접시들은 두 동강으로 깨져 버렸지요.
속이 상한 나나는 울먹울먹 울음을 터트리려고 했어요.
"괜찮다, 괜찮아. 내게는 마법의 접착가루가 있단다."
마녀는 나나를 용서해 주었어요.

"접시에는 박쥐가 10마리씩 그려져 있어. 박쥐의 수를 세어서 깨진 접시의 짝을 찾으렴."

아래 접시의 짝을 잘 찾아 봐.

서로 맞는 짝을 줄로 이어 □에 알맞은 수를 써 보고 덧셈식도 줄로 이어야 해.

이어 보세요

① 3마리 — ㄱ 9마리 — 1 + □ = 10

② 4마리 — ㄴ 8마리 — 2 + □ = 10

③ 1마리 — ㄷ 7마리 — 3 + □ = 10

④ 2마리 — ㄹ 6마리 — 4 + □ = 10

〈답〉 ①-ㄷ, ②-ㄹ, ③-ㄱ, ④-ㄴ
1+9=10, 2+8=10, 3+7=10, 4+6=10

"붙어라 박쥐들아. 자기 짝을 찾아라. 포리포리 포포리."
마녀는 접시들 위로 금빛 가루를 뿌렸어요.
그러자 접시들이 덜덜 떨더니 저절로 찰칵 붙었어요.
"휴" 하고 나나가 한숨을 쉬자 마녀가 말했어요.
"이제 케이크를 마저 만들어야겠구나.
아까 가져온 해골 호박들은 어디 있지?
10개 중에서 7개만 남기고 나머지는 가마솥에 넣어라."
나나는 해골 호박을 담아 놓은 바구니 뚜껑을 열었어요.
그러고는 멀뚱멀뚱 해골 호박만 바라봤지요.
"왜 그래?" 하고 심바가 소곤거렸어요.
"7개를 남기라는데, 몇 개를 꺼내야 하는지 모르겠어."
나나는 마녀의 눈치를 보면서 걱정스럽게 대답했어요.
"모를 때는 식을 써 보면 돼. 10 − □ = 7이잖아."
"아! □ 개야."

나나는 펄펄 끓는 가마솥에 해골 호박들을 풍덩 넣었지요.
부글부글 펑펑 가마솥에서 해골 모양의 연기가 피어올랐어요.
마녀는 공룡의 발톱과 말린 딱정벌레를 가마솥에 넣고는
주문을 외우면서 커다란 나무 국자로 휘휘 저었어요.
"다 됐다. 차갑게 굳힌 다음에 지렁이 잼을 바르면 끝이야."

똑똑똑 똑똑똑.
누군가 문을 두드려서 나나가 다가갔어요.
"으악!"
시커먼 털이 숭숭 난 괴물이 문을 벌컥 열었어요.
이마에 커다란 눈이 하나밖에 없었어요.
"안녕하세요? 아빠가 케이크 가져오라고 해서요."
괴물은 마녀에게 꾸벅 인사를 했어요.
"어서 오렴. 이마가득눈 대왕 아들 쌍꺼풀눈 왕자로구나."
그러고 보니 큰 눈에 짙은 쌍꺼풀이 있었어요.
외눈박이 괴물은 나나를 보곤 수줍어서 머리를 긁적였어요.

"다 됐으니 가져가렴. 여기 남은 건 너희끼리 나눠 먹어라."
마녀는 케이크를 내놓으며 말했어요.
나나와 외눈박이 그리고 심바와 하로는 케이크를 한 조각씩
입에 넣었어요.
그러자 누가 간질이기라도 하는 듯 간질간질 웃음이
터져 나왔어요.
"하하하! 너 정말 무섭게 생겼구나. 눈이 하나라니, 호호호."
"키키키! 난 눈이 두 개인 네가 더 무섭다, 크크크."
넷은 배를 잡고 웃으며 바닥을 뒹굴었어요.

"오늘 일은 여기까지다.
일을 잘했으니 약속대로 마법을 걸어 주마."
마녀는 서랍에서 빨간 반지를 하나 꺼냈어요.
"이건 덧셈과 뺄셈을 잘하게 해 주는 셈반지야.
이 반지를 끼면 10이 되는 더하기와 빼기는 절대 틀리지 않을 게다."
나나는 손가락에 셈반지를 끼었어요.
헐거웠던 셈반지는 나나의 손가락에 맞춰 저절로 줄어들었어요.
"와, 감사합니다!"
나나는 심바랑 하로와 함께 거울을 통해 집으로 돌아왔답니다.
'셈반지가 있으니까 10이 되는 덧셈과 뺄셈은 걱정 없어.'
나나는 하로를 껴안고 침대에 누워 기분 좋게 잠들었어요.
하지만 나나는 모르는 게 있었어요.
셈반지가 없이도 나나는 이미 10이 되는 덧셈과 뺄셈을
잘하게 되었다는 것을요.

이번엔 **두 자리 수**를 더하고
빼는 법을 가르쳐 주마.
어려울 거 같다고? 걱정 마.
마법으로 해결하면 되니까.

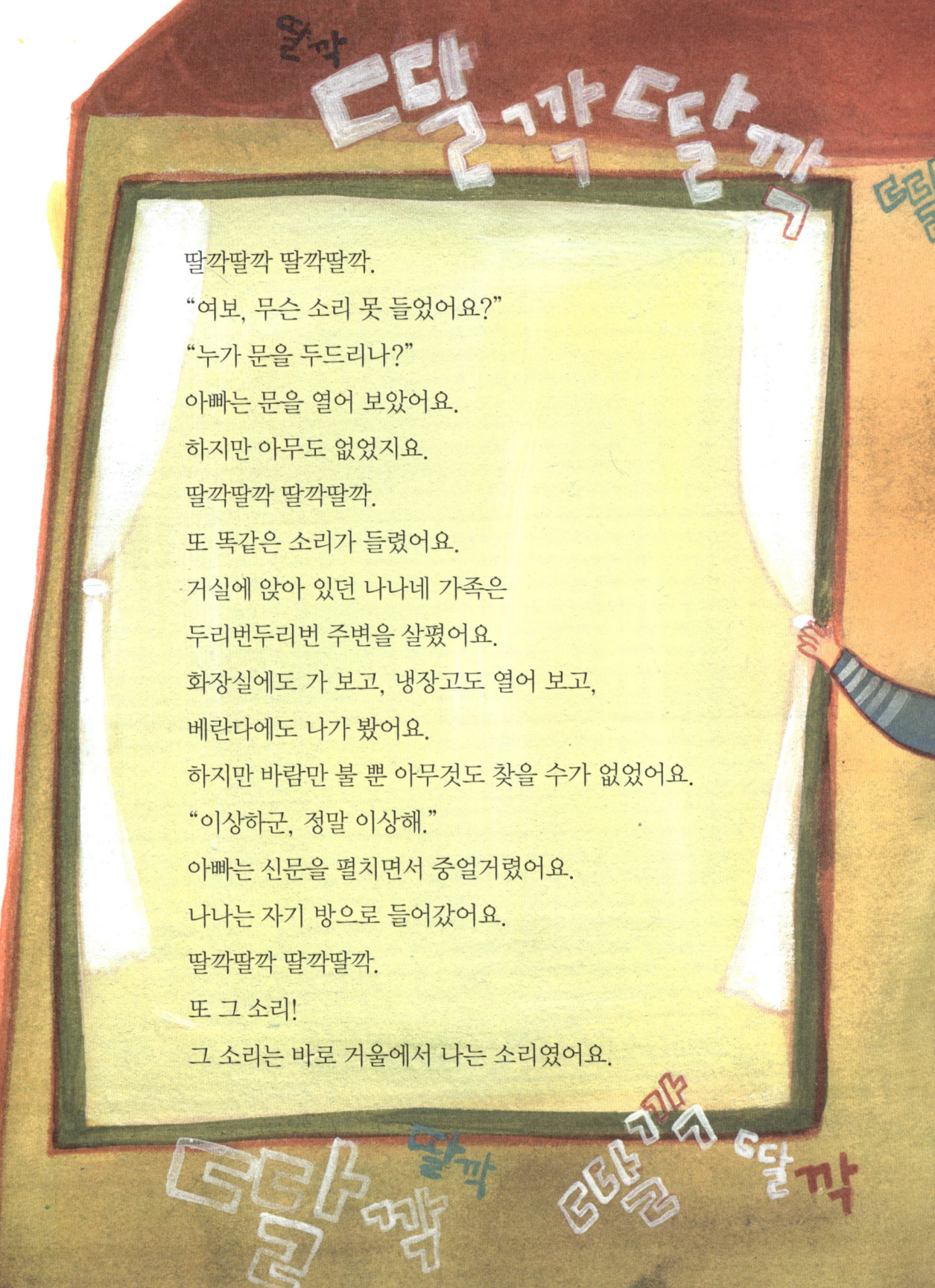

딸깍딸깍 딸깍딸깍.
"여보, 무슨 소리 못 들었어요?"
"누가 문을 두드리나?"
아빠는 문을 열어 보았어요.
하지만 아무도 없었지요.
딸깍딸깍 딸깍딸깍.
또 똑같은 소리가 들렸어요.
거실에 앉아 있던 나나네 가족은
두리번두리번 주변을 살폈어요.
화장실에도 가 보고, 냉장고도 열어 보고,
베란다에도 나가 봤어요.
하지만 바람만 불 뿐 아무것도 찾을 수가 없었어요.
"이상하군, 정말 이상해."
아빠는 신문을 펼치면서 중얼거렸어요.
나나는 자기 방으로 들어갔어요.
딸깍딸깍 딸깍딸깍.
또 그 소리!
그 소리는 바로 거울에서 나는 소리였어요.

나나는 얼른 거울을 두드렸어요.
그러자 거울에서 치오나 마녀의 얼굴이 나타났어요.
"나나야, 심부름 좀 해 주련?"
"지금은 안 되고요, 엄마 아빠가 잠들면 금방 갈게요."
나나는 침대에 누워 잠이 든 척했어요.
잠이 쏟아지는 걸 눈꺼풀에 침을 바르면서 참고 또 참았죠.
드디어 엄마 아빠의 코고는 소리가 들려왔어요.
"심바, 일어나. 치오나 마녀님이 부르셔."
나나는 하로를 안고 잠이 든 심바를 깨웠어요.

심바는 하품을 길게 하면서 투덜거렸어요.
"옆집 들냥이랑 만나기로 약속했는데 못 가겠군."
거울 앞에 선 나나는 빙글빙글 돌았어요.
"거울아 네 입을 열어라 오르골로 가련다 아탕바탕 쿵쿵야."
주문을 외우자 거울에 찰랑찰랑 물결이 일어났어요.
나나는 헤엄치듯 두 손을 저으며 거울 속으로 들어갔어요.
치오나 마녀가 성문 앞에서 기다리고 있었어요.
"나 대신 외눈박이 왕국에 다녀와야겠구나.
이마가득눈 대왕이 꿈꾸는 약이 필요하단다."

치오나 마녀는 두루마리 지도를 꺼내 펼쳤어요.
마녀의 성에서 외눈박이 왕국까지 가는 길이 그려져 있었어요.
그런데 높은 산과 깊은 강을 지나 아주 멀리까지 가야 했어요.
"제가 여기까지 찾아갈 수 있을까요?"
"바람처럼 간다면야 금방 갈 수 있지."
"하늘을 날아간다고요?"
나나는 빗자루를 타고 날아가는 마녀의 모습을 상상했어요.
"제게 빗자루를 주실 건가요?"

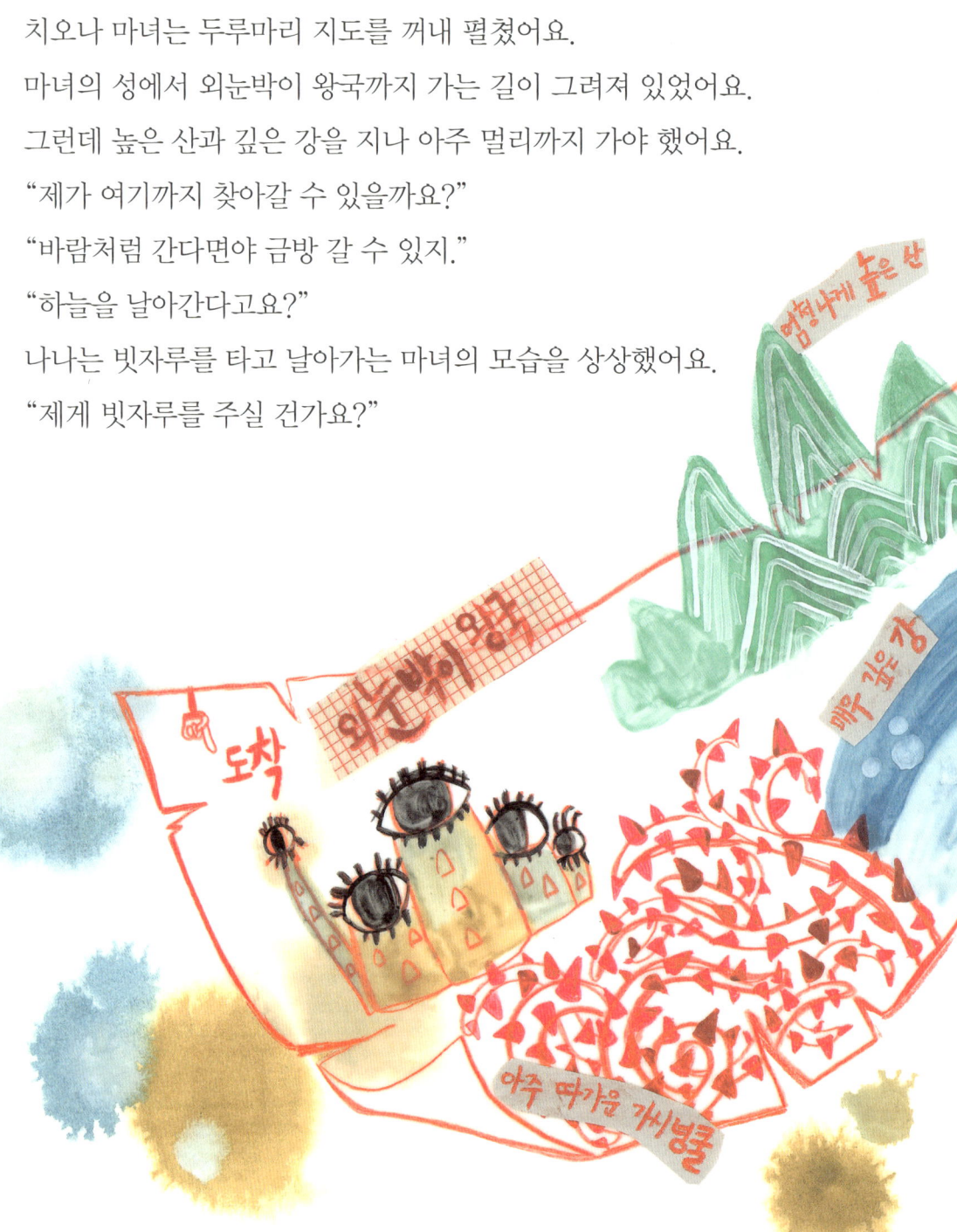

"넌 아직 조수 마녀라서 빗자루는 위험해.
대신 다른 걸 주마."
치오나 마녀는 나무 상자에서 구두를 꺼냈어요.
"이 구두는 바람을 일으키는 바람구두야.
바람개비가 윙윙 돌아가면서 하늘을 날 수 있지.
산이나 강이나 바다나 네 마음대로 건널 수 있어."
마녀는 작은 손거울도 주었어요.
"나한테 연락을 하고 싶으면 이 거울을 보고 날 부르렴."
나나는 신기해서 입을 다물지 못했어요.
"얼굴 보면서 통화하는 휴대전화 같은 거네!"

치오나 마녀는 수정으로 만들어진 약병을 건넸어요.
"빨간 알약 2알, 파란 알약 3알, 노란 알약 4알이 들어 있단다.
빨간 알약은 꿈에서 먹고 싶은 것을 먹게 해 주는 약이고,
파란 알약은 꿈에서 보고 싶은 것을 보게 해 주는 약이야.
노란 알약은 꿈에서 가고 싶은 곳 어디든 가게 해 주는 약이지."
"이게 모두 몇 개일까요?"
나나는 약병을 들고 하나씩 세면서 물었어요.
"쯧쯧, 셀 필요가 뭐가 있니? 세 수를 더하면 되지."
마녀가 말했어요.

"앞에서부터 차례대로 더해요?"

"아니, 세 수를 더할 때는 아무 수나 두 수를 먼저 더해도 된단다."

나나는 앞에서부터 더하고, 뒤에서부터도 더해 봤어요.

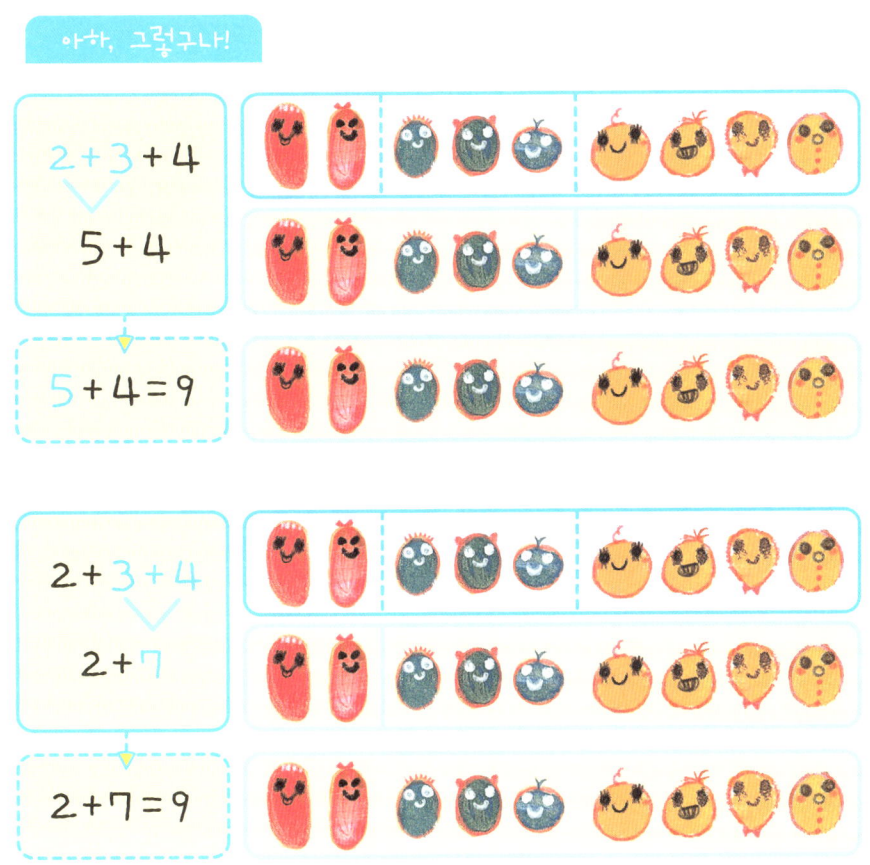

"아! 정말이에요. 어떤 두 수를 먼저 더해도 똑같이 9개예요."

나나는 고개를 끄덕였어요.

나나가 바람구두를 신자 마녀는 바람개비를 돌렸어요.
바람개비에 별 모양의 빨간 불빛이 반짝였어요.
휭휭 소리가 나며 나나는 땅에서 가볍게 떠올랐어요.
하로를 품에 안은 나나는 심바를 등에 태웠지요.
"마녀님, 우리 잘 다녀올게요."
나나는 산을 넘고 강을 건너 바람처럼 날았어요.

푸른 들판 위를 한참 날자 뙤약볕이 너무 뜨거웠어요.
언덕 위에 커다란 과일나무가 바람에 흔들리고 있었어요.
"저기서 잠시 쉬었다 갈까?"
나나는 나무 그늘 아래에 멈추었어요.
돼지 코처럼 생긴 열매들이 나무에 주렁주렁 매달려 있었어요.
"달콤한 냄새가 나는데? 한 입만 먹어 볼까?"
"함부로 먹으면 안 돼. 나쁜 마법 나무일지도 몰라."
하로가 나뭇가지에 올라타며 말렸어요.
하지만 나나는 매우 목이 말라 참을 수 없었지요.

"퉤! 이건 코딱지 맛이 난다. 덜 익었나 봐."
나나는 자기도 모르게 배가 터지도록 먹었어요.
"휴, 배불러. 9개 따서 5개나 먹었네. 더 따 뒀다가 나중에 먹어야지."
나나는 다시 2개를 더 땄어요.
"모두 몇 개지?
마녀님이 가르쳐 준 대로 계산해 보자.
아무 두 수나 먼저 계산하면 되겠지 뭐."

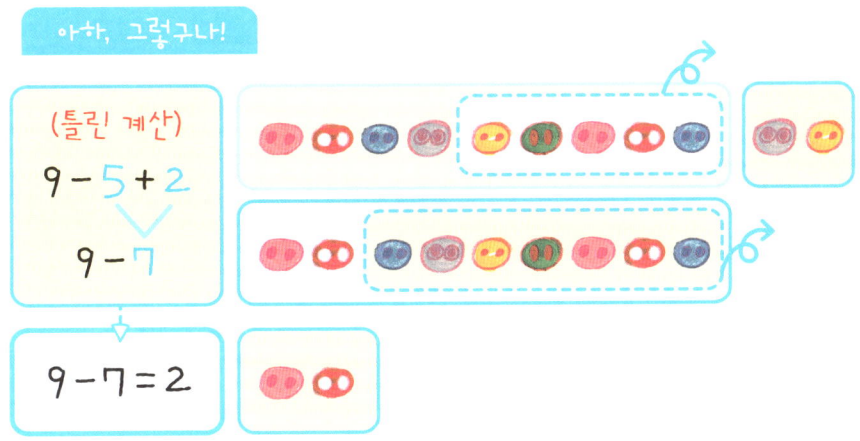

나나는 돼지 코 열매를 하나씩 세어 봤어요.
그런데 이상하게도 2개가 남아야 하는데 6개가 있었어요.
"열매가 새끼를 낳았나?"
나나는 고개를 갸우뚱했어요.

나뭇가지에 앉아 있던 심바가 배를 잡고 웃었어요.
"하하하! 그게 아니야.
더하기와 빼기가 섞여 있을 때에는
반드시 앞에서부터 차례대로 해야 하는 거야."

"아! 그런 거구나!"
나나는 손뼉을 쳤어요.
"뺄 때도 그런 거야?"
"그래, 세 수를 뺄 때에도 반드시 앞부터 차례대로 해야 해."
심바는 돼지 코 열매를 바닥에 놓고 보여 줬어요.

"호호호! 왜 틀린지 이제 알겠어."
나나는 바람구두를 벗어 놓고
과일 나무에 기댔어요.
시원한 바람이 솔솔 불자
스르르 잠이 쏟아졌어요.

시간이 가는 줄도 모르고 나나는 콜콜 잠에 빠졌어요.
"아, 잘 잤다."
한참을 자고 나서야 나나는 기지개를
길게 하며 일어났어요.
"앗! 나나 얼굴 좀 봐."
심바가 깜짝 놀라 외쳤어요.
"킁킁, 코에 바람이 왜 이렇게 들어오지?"
코를 만져 보니 아무래도 이상했어요.
거울을 들여다본 나나는
화들짝 놀라 바닥에 털썩 주저앉았어요.
"이게 뭐야,
내 코가 돼지 코가 됐잖아!"
"으앙" 하고 나나는
울음을 터트렸어요.

그때였어요.
나무 위에서
소리가 났어요.
"크앙크앙 푸악푸악
크크푸푸악!"
나뭇가지 위에서
도마뱀처럼 생긴
괴물이 내려다보고
있었어요.
코는 돼지 코에
비늘이 잔뜩 돋고,
혀를 날름거렸어요.
"으앙, 무서워!"
나나는 도망쳤어요.

돼지 코 괴물은 정말 빨랐어요.
펄쩍펄쩍 뛰더니 어느새 나나 앞을 가로막았어요.
"크앙크앙 푸악푸악 크크푸푸악!"
괴물은 무섭게 울부짖으며 다가왔어요.
"허락도 없이 돼지 코 열매를 따 먹다니! 잡아먹어버리겠어."
괴물은 눈알을 데굴데굴 굴리며 노려보더니 입을 크게 벌렸어요.
날카로운 이빨들이 잔뜩 돋아 있었어요.
"내 이빨 무섭지? 겁나지? 보기만 해도 덜덜 떨리지?"
"네, 그 이빨로 물면 정말 아플 거 같아요."
"크하하, 당연하지!
톱날 같은 이빨이 왼쪽에 15개, 오른쪽에 22개나 있어."
"정말 많아요. 다 합해서 몇 개예요?"

"그러니까 그게… 앗! 또 틀렸네."

괴물은 이빨을 세다가 틀려서 다시 세고 또 다시 셌어요.

지켜보던 하로가 답답한 표정을 지으며 물었어요.

"괴물님, 그렇게 세지 말고 더하면 되지 않을까요?"

"난 덧셈을 할 줄 모르는데…."

괴물은 조금 부끄러운 듯 말했어요.

심바가 막대기를 집어 바닥에 숫자를 썼어요.

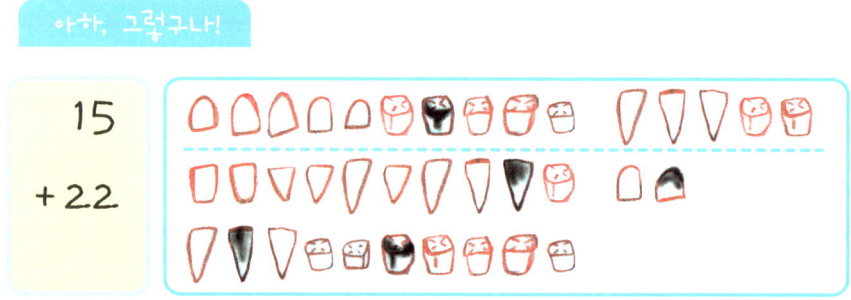

"일의 자리 숫자부터 차례대로 더해요. 먼저 5와 2를 더하고요."

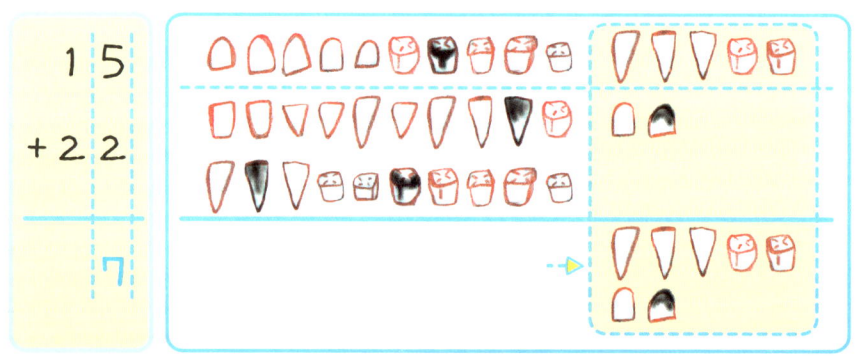

"그 다음에 십의 자리 숫자 1과 2를 더해요."

"나도 해 봐야지." 괴물은 막대기를 들고 바닥에 숫자를 썼어요.

"어라? 어떻게 더하는 거야?"

"에구, 세로셈을 할 때에는 반드시 자리를 맞춰야 해요.
십의 자리는 십의 자리끼리, 일의 자리는 일의 자리끼리 더해요."

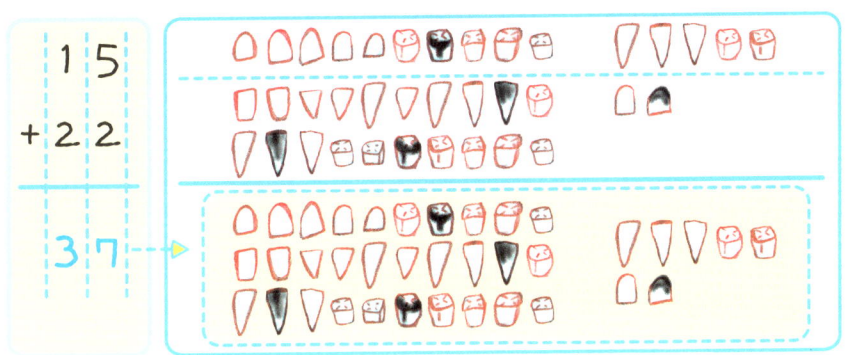

"괴물님의 이빨은 모두 37개예요."

"우와! 내 이빨이 그렇게 많았구나!"

괴물은 기분이 좋아 입을 크게 벌리고 웃었어요.

"그런데 우릴 정말 잡아먹을 건가요?"
나나가 물었어요.
"아니, 사실은 난 돼지 코 열매밖에 안 먹어.
특히 코딱지 맛이랑 귀지 맛을 좋아하지."
"휴" 하고 나나는 한숨을 내쉬었어요.
"그런데 왜 우릴 쫓아왔어요?"

"부탁이 있어서… 이빨이 너무 아파 열매를 씹을 수가 없어. 썩은 이빨을 빼야 하는데 겁이 나서 내 손으로 못 빼겠어."
괴물은 얼굴을 찌푸리며 불쌍한 표정을 지었어요.
나나는 괴물의 썩은 이빨을 세어 봤어요.
"하나, 둘, 셋, 넷… 쯧쯧, 11개나 썩었어요."
"다 빼면 몇 개나 남지?"
괴물이 물었어요.

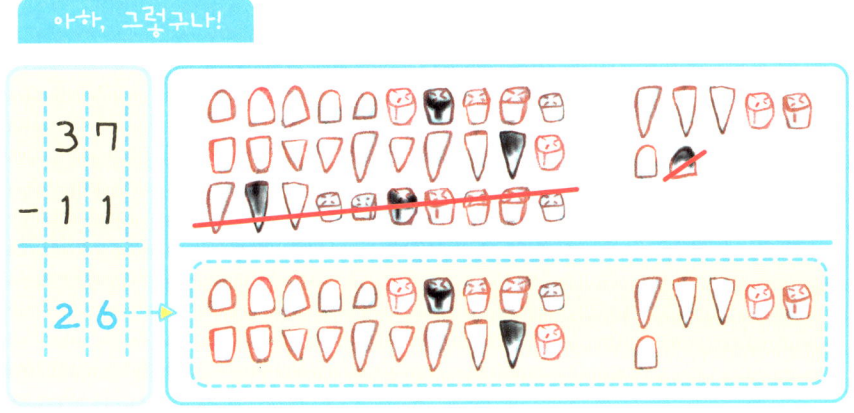

"26개가 남아요. 일의 자리는 일의 자리끼리 빼고, 십의 자리는 십의 자리끼리 빼면 돼요."
심바가 대답했어요.

나나는 썩은 이빨들을 하나씩 끈으로 묶었어요.
심바, 하로와 함께 힘껏 당겨 열심히 뽑아 주었어요.
이빨은 뿅, 폭, 픽 소리가 나면서 빠졌어요.
"아, 시원하다!"
돼지 코 괴물이 히죽 웃었어요.
그러자 이빨이 듬성듬성 빠진 게 보였어요.
"고마워. 네 돼지 코도 원래대로 해 줄게."
괴물은 돼지 코 열매의 잎사귀를 따다가
나나의 코에 대고 문질렀어요.
그러자 나나의 코가 점점 줄어들더니 원래대로 돌아왔지요.
"아, 콧구멍에 바람이 안 들어온다!"
나나는 코를 찡긋거리면서 좋아했어요.
"우리는 그만 떠나자. 너무 늦었어."
하로가 재촉했어요.
"돼지 코 괴물님, 잘 있어요. 앞으로 이빨 잘 닦아야 해요."
나나는 손짓을 하며 헤어졌어요.
돼지 코 괴물은 아쉬워서 눈물을 뚝뚝 흘렸답니다.

외눈박이 대왕의 마법 항아리

마녀에게 배우기
- 두 수의 합이 10인 세 수의 덧셈
- 받아올림이 있는 덧셈
- 받아내림이 있는 뺄셈

덧셈과 뺄셈을 할때 가장
어려운 게 뭐지?
받아올림과 **받아내림!** 아니니?
툭하면 틀리니까.
절대 틀리지 않도록
강력한 마법을 걸어 주마.

나나는 벗어 놓았던 바람구두를 찾아 다시 신었어요.
그런데 어떻게 된 일일까요?
바람개비가 아예 돌아가지 않는 거예요.
바람개비에 별 모양의 빨간 불빛이 점점 희미해졌어요.
나나는 발을 동동 구르며 안타까워했어요.
"어쩌지? 심부름도 못 하고 집에도 못 갈 거야."
"손거울이 있잖아! 마녀님을 불러 봐."
"아, 맞다!"
나나는 손거울을 들고는 "마녀님, 도와주세요" 하고 외쳤지요.
손거울 속에 마녀의 얼굴이 나타났어요.
"어디서 놀다가 이리 늦은 게냐?"
"저도 모르게 그만 낮잠이 들었어요."
나나의 목소리가 작아졌어요.

"마녀님, 바람구두가 날지 않아요."
나나는 울먹울먹 금방이라도 울음을 터트릴 것 같았어요.
"쯧쯧, 바람개비가 멈춘 모양이로구나.
너무 오래 벗어 놓으면 마법의 힘이 다 닳아 버려."
"어떻게 해요? 걸어갈 수도 없고…."
"방법이 있긴 한데, 네가 잘할 수 있을지 모르겠다."
"바람개비의 날개를 잘 보렴. 별 모양의 빨간 불빛이 있지?"
바람구두의 바람개비에는 빨간 불빛들이
희미하게 반짝이고 있었어요.
"그 불빛이 꺼지면 아예 날지 않아.
빨간 별의 개수를 세어라.
그리고 그 개수를 모두 더해서 바람개비 중간에 써라.
서둘러라, 어서!"

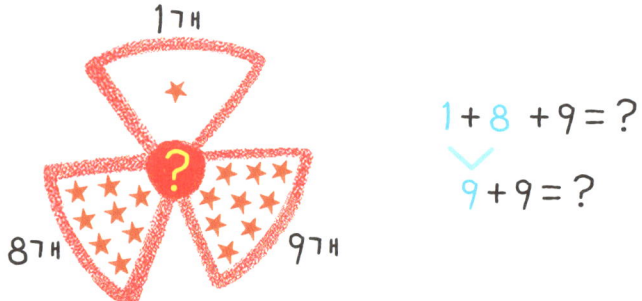

"1과 8과 9를 더하려면 아무 두 수나 먼저 더하면 되니까
1+8 = 9 그리고 9+9는…. 9+9가 어렵네."
나나는 손가락을 꼽으면서 끙끙거렸어요.
"세 수 가운데 더해서 10이 되는 걸 먼저 해.
그 다음에 나머지 수를 더하면 쉽게 할 수 있어.
더해서 10이 되는 두 수는 (1, 9) (2, 8) (3, 7) (4, 6) (5, 5)야."

1 + 9 + 8 = ?
10 + 8 = 18

나나는 무슨 말인지 몰라 눈만 끔벅거렸어요.
"그러니까 1+9를 먼저 하는 거야.
그 다음에 10+8을 하면 쉽잖아."
"맞아요, 맞아! 18이에요."
나나는 바람개비에
18이라고 써 넣었어요.
바람개비가 바람을 일으키며 씽씽 돌아가기 시작했어요.

이번에는 다른 쪽 바람구두의 바람개비를 살폈어요.
4개와 3개, 6개의 빨간 별이 있었어요.

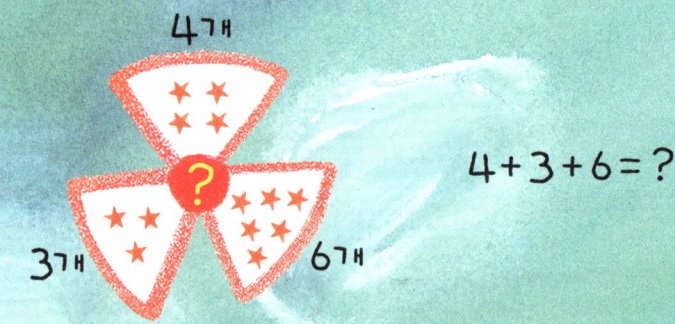

"3+4+6을 해야 하죠?"
나나가 거울을 보고 묻자 마녀가 대답했어요.
"세 수 가운데 무엇부터 먼저 더해야 할까?"
나나는 곰곰이 생각에 빠졌어요.
"더해서 10이 되는 두 수를 먼저 하면 돼요.
그러니까… 4와 6이요."

"잘했다. 4+6을 하면 10이 되지. 그 다음에 3을 더하는 거야."

"네, 13이에요."
나나는 바람개비 중간에 13이란 숫자를 써 넣었지요.
그러자 바람개비의 날개가 씽씽 소리를 내며 신나게 돌아가기 시작했어요. 나나는 바람구두를 신고 들판을 가로질렀어요.
"저 산만 넘으면 외눈박이 왕국이야."
나나의 품에 안긴 하로가 말했어요.

깊은 산속에 있는 외눈박이 왕국은 참 이상했어요.
산 위에서 내려다보니 움푹 파인 항아리처럼 보였지요.
숲속의 동물들은 모두 눈이 하나밖에 없었어요.
나무 위에서 지저귀는 새도 눈이 하나,
개울에서 물을 마시는 사슴도 눈이 하나,
깜짝 놀라 도망가는 개구리도 눈이 하나였어요.
"여긴 전부 괴물만 사나 봐. 아휴, 무서워."
나나가 약간 겁이 난 목소리로 말했어요.

그때였어요.
"괴물이다, 괴물이 나타났다!"
누군가 숲속에서 외쳤어요.
둥둥둥 북 소리가 울리고 징징징 징 소리도 났어요.
갑옷을 입은 병사들이 창과 칼을 들고 나나를 둘러쌌어요.
나나는 병사들에게 잡혀 성으로 끌려갔어요.
"눈이 두 개나 달렸어! 저런 무서운 괴물은 처음 봐."
구경을 나온 외눈박이들이 나나를 보고 수군거렸어요.
그때 저 멀리 쌍꺼풀눈 왕자가 나타났어요.
왕자는 나나를 보자마자 반가워서 얼른 달려왔어요.
"멀리서 온 귀한 손님이야. 어서 풀어 줘라."
쌍꺼풀눈 왕자는 나나를 이마가득눈 대왕에게 안내했어요.
나나는 꿈꾸는 알약이 들어 있는 수정 약병을 꺼냈어요.
"고맙구나. 아무리 잠을 자도 꿈을 꾸지 않아서 말이야.
난 꿈을 꾸는 재미로 살거든."
이마가득눈 대왕은 하품을 하며
커다란 눈을 끔벅였어요.
"나도 너희에게 선물을 줘야겠구나."
나나는 대왕을 따라
궁궐 깊은 곳으로 들어갔어요.

초록색 빛이 나는 깊고 둥근 항아리가 있었어요.

항아리에는 물이 찰랑찰랑 채워져 있었지요.

그 옆에는 반짝반짝 신비한 빛을 내는 구슬이 쌓여 있었어요.

"이건 미래를 보여 주는 마법의 항아리란다."

"미래를요?"

"그래. 궁금한 게 뭐니?"

나나는 골똘히 생각하다가 평소에 가장 궁금했던 걸 떠올렸어요.

"내가 이담에 커서 어떤 남자랑 결혼할지 궁금해요."

대왕은 나나에게 눈을 감으라고 했어요.

"양손에 한 움큼씩 구슬을 집으렴."

나나는 구슬을 집어 바닥에 내려놓았어요.

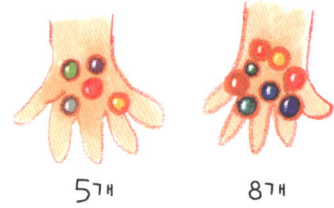

오른손에 5개, 왼손에 8개의 구슬이 있었어요.

"모두 몇 개를 집었지?" 하고 대왕이 물었어요.

"그러니까 8+5하면 되는데…."

나나는 우물쭈물 대답을 하지 못했어요.

손가락으로 열심히 셌지만, 10개가 넘어 세기가 어려웠죠.

"이럴 때에는 10이 되도록 수를 가르면 된단다.
5는 3과 2로 가를 수 있잖니."

아하, 그렇구나!

8 + 5
(8 + 2) + 3
10 + 3 = 13

"아, 13개예요!"
"그래. 생각보다 쉽지?"
"꼭 5를 갈라야 하나요?"
"아니야. 8을 갈라도 되지."

8 + 5
3 + (5 + 5)
3 + 10 = 13

"10에 맞춰서 수를 가르니까 쉽구나!"
나나는 고개를 끄덕이며 활짝 웃었어요.

대왕은 구슬 13개를 마법의 항아리에 집어넣었어요.
잔잔하던 물 항아리에서 소용돌이가 치더니 다시 잔잔해졌어요.
일렁이던 물결 위로 사람들의 얼굴이 떠올랐어요.
나나네 반 성찬이가 친구들과 축구를 하고 있었어요.
땀을 흘리며 열심히 뛰는 모습이 멋져 보였어요.

"내 신랑이 성찬이였던 거야? 히히히."
나나의 얼굴이 빨개졌어요.
나나가 남몰래 좋아하는 친구였으니까요.

그때 이마가득눈 대왕이 "어험" 하고 헛기침을 했어요.
"얘야, 이 잘생긴 아이가 아니라 그 뒤에
동그라미가 쳐진 아이가 네 미래의 신랑이란다."
"어머!"
그 아이는 나나가 제일 싫어하는 코찔찔이 덕칠이였어요.
얼굴은 새카맣고 날마다 코만 흘리는 아이였지요.
"몰라요! 이 점은 엉터리예요."
나나는 토라져서 입술을 삐죽 내밀었어요.
너무 화가 나 눈물이 찔끔 날 뻔했어요.

"신랑을 바꿀 방법은 없어요?"

"신랑을 바꾸려면 미래를 바꿔야 하는데 몹시 어려운 일이야. 지금까지 해 보지 않았지만, 널 위해 한 번 해 보마."

이마가득눈 대왕은 주문을 외웠어요.

그리고 나나에게 다시 구슬을 한 움큼 집으라고 했지요.

모두 14개였어요.

"미래를 바꾸려면 흠집이 있는 구슬이 있어서는 안 돼."

대왕은 흠집이 있는 구슬 9개를 골라냈어요.

"이제 몇 개가 남았지?"

"그러니까 그게…."

나나는 손가락으로 하나씩 구슬을 가리키며 세기 시작했어요.

"아니, 아니. 이것도 가르기를 하면 된단다."

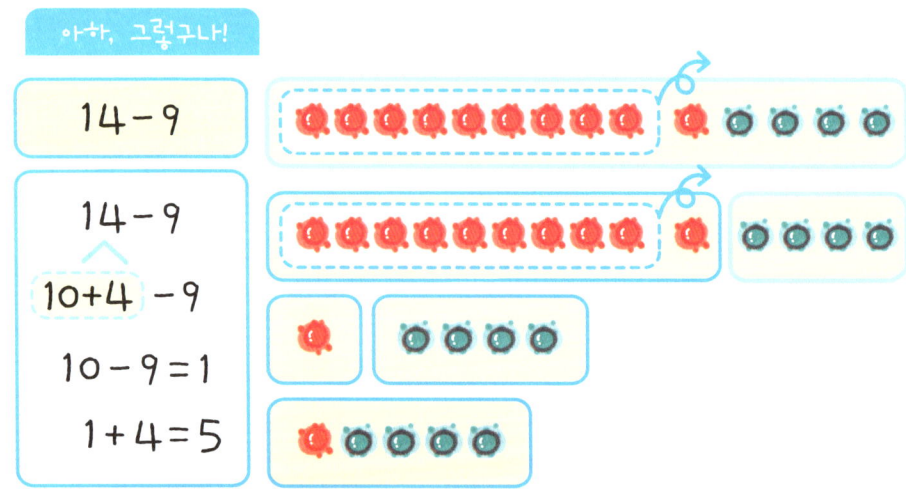

아하, 그렇구나!

14 − 9

14 − 9
10+4 − 9
10 − 9 = 1
1 + 4 = 5

"14는 10과 4로 가를 수 있지.

10에서 9를 빼면 1이 나와.

1을 남은 4개와 더하면 5개잖아."

"아! 맞다. 14말고 9를 가르기 해도 되죠?"

"그래, 해 보렴."

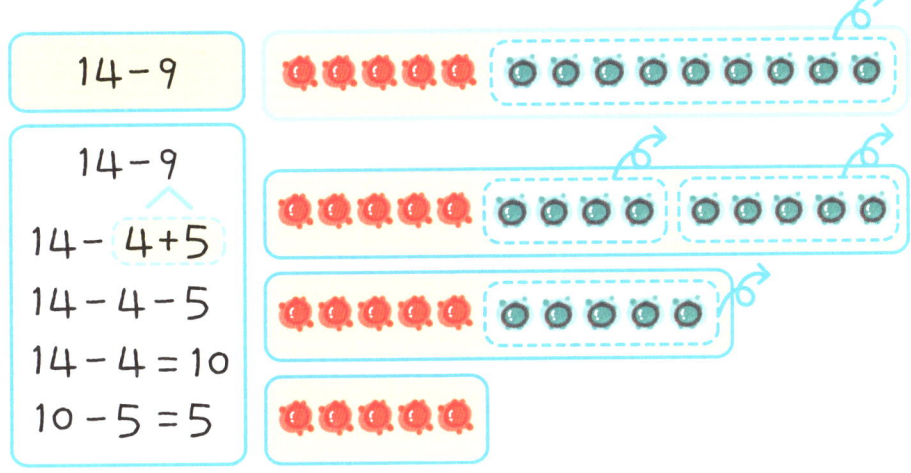

"9개는 4개와 5개로 가를 수 있어요.

14개에서 먼저 4개를 빼면 10개가 남지요.

그 다음에 10개에서 다시 5개를 더 빼면 5개가 남아요!"

"잘했구나. 넌 훌륭한 마녀가 될 소질이 있어."

이마가득눈 대왕이 칭찬을 했어요.

이마가득눈 대왕은 5개의 구슬을 항아리에 빠뜨렸어요.
퐁당퐁당, 구슬들은 빙글빙글 돌다가 가라앉았어요.
소용돌이가 일어나더니 다시 항아리에
아이들의 얼굴이 떠올랐어요.
"이번엔 제발 덕칠이가 아니고 성찬이기를…."
나나는 두 손을 깍지 끼고 기도했어요.
그런데 동그라미가 움직이더니
또 덕칠이 얼굴 위로 동그라미가 생기는 거예요.

나나는 참다못해 "으앙" 하고 울음을 터트렸어요.
"미안하구나. 네 미래는 이미 정해져서 바꿀 수 없나 보다."
이마가득눈 대왕은 미안한 목소리로 말했어요.
그러고는 하늘목마를 빌려주었어요.
"선물을 준다더니 덕칠이를 줄 게 뭐야."
나나는 집으로 오는 내내 훌쩍훌쩍 울었어요.

다음 날 아침, 나나가 학교에 가자마자
선생님은 아이들에게 자리를 바꾸라고 했어요.
그런데 마법의 항아리가 맞은 걸까요?
하필이면 덕칠이가 나나의 옆자리에 앉게 된 거예요.
나나가 좋아하던 성찬이는 더 멀리 떨어졌고요.
덕칠이가 나나를 쳐다보곤 배시시 웃었어요.
그 미소를 보고 나나는 결심했답니다.
덕칠이에게 무조건 잘 해 주기로요.
어쨌든 미래에 신랑이 될지도 모르니까요.
나나는 다음 날부터 손수건을 갖고 다니기로 마음먹었어요.
덕칠이가 흘리는 코를 닦아 주려고요.
"앞으로 덕칠이를 코찔찔이라고 놀리면 내가 가만있지 않을 거야!"
나나가 외치자, 반 아이들은 어리둥절한 눈길로 쳐다봤어요.
아무도 나나의 미래를 모르니까 그럴 수밖에요.

거인 할아버지는 세상의 시간을 돌리네

마녀에게 배우기
- 몇 시인지 알아 보기
- 몇 시 30분인지 알아 보기
- 시계 보기

몇 시까지 잠을 자고,
몇 시까지 학교를 가는지 아니?
모른다고? 엄마가 하라는 대로만
하면서 사는 아이로구나.
스스로 시계를 보고,
시간을 지킬 줄 알아야
마녀가 될 수 있어!

그날은 참 이상한 날이었어요.
나나는 처음부터 그걸 가져올 마음이 없었어요.
누가 시킨 것도 아닌데 나나는 허락도 없이
그걸 가져와 버린 거예요.
그게 "날 가져가, 날 가져가" 하고
나나에게 말하지만 않았어도 혼이 날 일 없고,
소동이 일어나지도 않았을 텐데 말이에요.
나나가 마녀의 성에 도착했을 때 성은 텅 비어 있었어요.
치오나 마녀는 어디론가 가고 없었고요.
한참을 기다리던 나나는 그냥 집으로 돌아오려고 했어요.
그런데 책상 서랍에서 무슨 소리가 들리는 거예요.
뚝딱뚝딱 똑딱똑딱.
나나는 호기심을 참지 못해 서랍을 열었지요.
뭔가가 톡, 하고 튀어나오며 나나의 품에 안겼어요.
깜짝 놀란 나나는 손을 놓을 뻔했어요.
"조심해. 깨진단 말이야!"
그건 손바닥만 한 시계였어요.

"날 가져가. 아주 재밌는 일이 벌어질 거야."
시계는 빙글빙글 몸을 돌리며 말했어요.
"무슨 일?"
"난 보통 시계가 아니야. 내맘대로시계야."
"내 맘대로?"
"응, 시계 가진 사람 마음대로 시간을 마구마구 돌릴 수 있어."
나나는 시계가 무슨 말을 하는 건지 몰랐어요.
나나는 아직 시계를 볼 줄 몰랐으니까요.
어쨌든 나나는 시계를 주머니에 넣고 집으로 돌아왔어요.
"나나야, 두부 좀 사 와라. 얼른 다녀와야 해."
저녁 준비를 하던 엄마가 심부름을 시켰어요.

엄마 말을 잘 듣는 나나는 돈을 들고 가게로 향했어요.
가는 길에 아이들이 놀이터에서 놀고 있는 모습이 보였어요.
"조금만 놀다 갈까? 안 돼. 엄마가 기다리시잖아."
"그네만 한 번 타고 갈까? 안 돼. 아빠가 배고프실 거야."
나나는 가던 길을 멈추고 망설였어요.

"나나야, 이리 와. 같이 놀자."
은미랑 송이가 미끄럼틀에서 손짓을 했어요.
'조금만 노는 건 괜찮을 거야.'
나나는 빠른 걸음으로 뛰어가 미끄럼틀에 기어올랐어요.
그러고는 심부름을 해야 한다는 걸 까맣게 잊어버리고
시간 가는 줄 모른 채 놀고 말았어요.
"앗! 어떡하지? 엄마가 알면 혼날 거야."
날이 어둑어둑해져서야 나나는 심부름이 생각났어요.
"집에서 쫓겨나면 어떡해? 마녀 할머니 성에 가서 살 수도 없고."
나나는 가슴이 털컥 내려앉는 것만 같았어요.

그때 주머니에서 시계가 말했어요.
"걱정 마. 내맘대로시계가 있잖아. 긴 바늘을 거꾸로 돌려 봐."
긴 바늘을 조금 거꾸로 돌리자 신기한 일이 일어났어요.

사람들이 거꾸로 걷더니 저물었던 날이 다시 밝아지는 거예요.
"얼마든지 실컷 놀아도 돼. 시간을 거꾸로 돌릴 수 있으니까."
나나는 신나게 그네도 타고 모래 장난도 했어요.
날이 어두워지면 다시 시곗바늘을 돌리고 또 놀았지요.

배가 고파 더 놀 수 없던 나나는 두부를 사 들고 집으로
돌아왔어요.
"우리 나나, 금방 갔다 왔네."
엄마는 나나가 놀다 온 것도 모르고 칭찬을 했어요.
나나가 냉장고를 열어 봤더니 케이크 한 조각이 있었어요.
"나나야, 케이크는 저녁 먹고 먹어야 한다. 기다려."
"싫어요. 지금 배고파 쓰러질 것 같단 말이에요!"
나나는 고집을 피우며 케이크를 들고 방 안으로 들어갔어요.
허겁지겁 케이크를 다 먹었지만 여전히 배가 고팠어요.
"쩝, 더 먹고 싶다."
"내맘대로시계가 있잖아. 시곗바늘을 거꾸로 돌려."
시계가 또 주머니에서 속삭였어요.

나나가 시곗바늘을 뒤로 돌리자 케이크가 처음 그대로
다시 생겼어요.
나나는 케이크를 또 먹고, 다 먹으면 시곗바늘을 돌리고
또 먹었어요.

"나나야, 저녁 먹어야지" 하고 아빠가 식탁에서 불렀어요.
나나는 배가 불러 도저히 밥을 먹을 수 없었어요.
"엄마가 뭐랬어? 케이크 먹지 말랬지."
엄마는 화가 난 목소리로 호통을 쳤어요.
나나는 시곗바늘을 돌리려고 긴 바늘에 손가락을 갖다 댔어요.
그런데 그만 시곗바늘이 뚝 부러지는 게 아니겠어요?
"엄마가 뭐랬어? 케이크 먹지 말랬지."
"엄마가 뭐랬어? 케이크 먹지 말랬지."
엄마의 입에서 밥알과 함께 계속 같은 말이 터져 나왔어요.

아빠는 먹었던 숟가락을 다시 떠서 먹고 또 떠서 먹었어요.
고장 난 비디오 테이프처럼 돌아가다 멈추고 다시 돌아갔어요.
"안 돼! 그만, 그만해!"
나나가 소리쳤어요.
그러자 엄마와 아빠가 딱 멈춰 버리는 게 아니겠어요?
엄마는 입을 벌린 채 가만히, 아빠는 숟가락을 문 채
얼음처럼, 동상처럼, 물건처럼 딱딱하게 굳어져 버린 거예요.
"엄마 아빠, 어떻게 되신 거예요? 다시 움직이세요."
나나는 눈물을 흘리며 엄마 아빠를 어루만졌어요.

나나는 방 안으로 뛰어 들어가 거울을 두드렸어요.
"마녀님, 도와주세요! 다 제 잘못이에요."
거울 속에서 마녀의 얼굴이 나타났어요.
"쯧쯧, 내맘대로시계의 꼬임에 빠진 게로구나.
함부로 남의 물건을 가져가면 그렇게 되는 게야."
마녀는 잔뜩 화가 난 눈초리로 노려봤어요.
"제발 우리 엄마 아빠를 살려 주세요."

나나는 흑흑 울면서 간절하게 빌었어요.

"어떤 벌이라도 달게 받을 테냐?"

"네, 어떤 벌이라도 받을게요. 제발요."

마녀는 지팡이를 휙 휘둘렀어요.

나나는 어느새 식탁 앞에 앉아 있었어요.

"엄마가 뭐랬어? 케이크 먹지 말랬지."

엄마가 화난 목소리로 호통을 쳤고, 아빠는 식사를 하고 있었어요.

"엄마 아빠, 사랑해요. 제가 잘못했어요."

나나는 엄마 아빠를 끌어안고 엉엉 소리 내며 울었어요.

엄마 아빠는 어리둥절한 얼굴로 나나를 바라봤어요.

밤이 되기를 기다렸다가 나나는 거울 속으로 들어갔어요.
마녀가 내릴 벌을 받아야 했으니까요.
창피해서 하로와 심바에게는 알리지 않고 혼자 갔어요.
고장 난 내맘대로시계를 건네자 마녀가 말했어요.
"넌 시간이 얼마나 중요한지 모르는 죄를 지었어.
거인 할아버지가 지키는 시계탑으로 가서 청소를 해라.
먼지가 없을 때까지 닦고 또 닦아야 해!"
나나는 무거운 청소 도구를 둘러메고 시계탑을 찾아갔어요.
시계탑은 하늘에 닿을 만큼 높고 거대했어요.
수염이 잔뜩 돋은 거인 할아버지가 고개를 내밀었어요.
"네가 벌을 받으러 온 나나라는 애냐?"
거인 할아버지의 목소리는 천둥처럼 우릉우릉 울렸어요.
"이 시계는 보통 시계가 아니야. 세상의 시간을 움직이는 시계야.
이 시계가 조금이라도 틀리면 세상 전체가 어지러워져."

나나는 시계 속의 톱니바퀴들을 열심히 닦고 청소했어요.
"낮잠 시간이 됐구나. 12시 30분에 날 깨우도록 해라.
조금이라도 늦으면 혼날 줄 알아!"
거인 할아버지는 기둥에 기댄 채 드르렁 쿨쿨 코를 골았어요.
나나는 걱정이 돼 발을 동동 구르며 시계만 바라봤어요.
시계를 볼 줄 몰라 12시 30분이 언제인지 몰랐으니까요.
"어쩌지? 잘못 깨워서 세상의 시간이 어지러워지면 어쩌지?"
그때 시계탑의 시계가 큰 소리를 내며 딩동댕 울기 시작했어요.
나나는 얼른 거인 할아버지의 귀에 대고 외쳤어요.
"일어나세요. 시계가 울고 있어요!"
"뭐야, 아직 11시밖에 안 됐잖아!"

거인 할아버지는 화가 나서 호통을 치고는 다시 잠들었어요.
"어떻게 하면 좋아? 진작 시계 보는 법을 배워 둘 걸…."
나나는 바닥에 주저앉아 엉엉 울기 시작했어요.
"걱정 마. 우리가 있잖아."
누군가 말소리에 나나는 고개를 들었어요.

어느새 나나를 찾아온 심바와 하로가 웃고 있었어요.

심바가 앞발을 들어 커다란 시계를 가리켰어요.

"긴 바늘과 짧은 바늘이 보이지?

두 개의 바늘이 가리키는 숫자를 보면 몇 시인지 알 수 있어."

심바가 꼬리를 흔들며 말했어요.

"12시가 되려면 바늘이 어디에 가 있어야 해?"

나나가 묻자 하로가 바닥에 시계를 그렸어요.

"긴 바늘이 숫자 12를 가리키고,

짧은 바늘이 가리키는 숫자를 몇 시라고 하는 거야."

3시

"긴 바늘이 숫자 12를 가리키고, 짧은 바늘이 3을 가리키면 3시!"

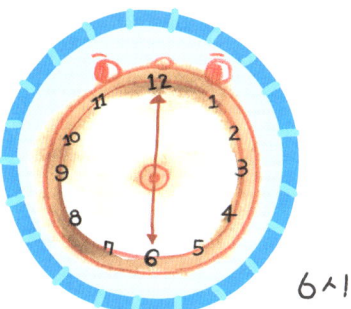
6시

"긴 바늘이 숫자 12를 가리키고, 짧은 바늘이 6을 가리키면 6시!"

9시

"긴 바늘이 숫자 12를 가리키고, 짧은 바늘이 9를 가리키면 9시!"

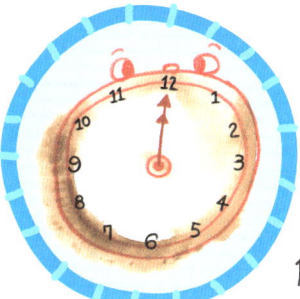
12시

"긴 바늘이 숫자 12를 가리키고, 짧은 바늘이 12를 가리키면 12시!"
"아하! 알겠다, 알겠어."
나나는 손뼉을 치면서 좋아했어요.

"그럼 30분은 바늘이 어디에 있어야 해?"
나나가 묻자 이번에는 심바가 시곗바늘을 그렸어요.
"30분은 긴 바늘이 숫자 6을 가리켜야 해."
"딱 반 바퀴 도는 거네?"
"응."

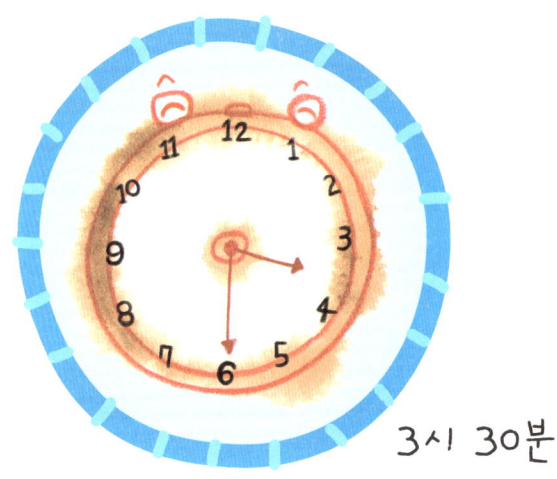

3시 30분

"나나야, 짧은 바늘이 어떤 숫자를 가리키는지 잘 봐."
"3과 4사이에 있는 걸. 이게 몇 시야?"
나나가 고개를 갸우뚱하자 심바가 대답했어요.
"작은 수를 골라 몇 시 30분이라고 읽는 거야."
"3과 4중에서 작은 수라면 3이잖아. 그럼 3시 30분이야?"
"맞았어!"

"긴 바늘이 6을 가리키고, 짧은 바늘이 5와 6사이에 있다면?"
"5시 30분!"

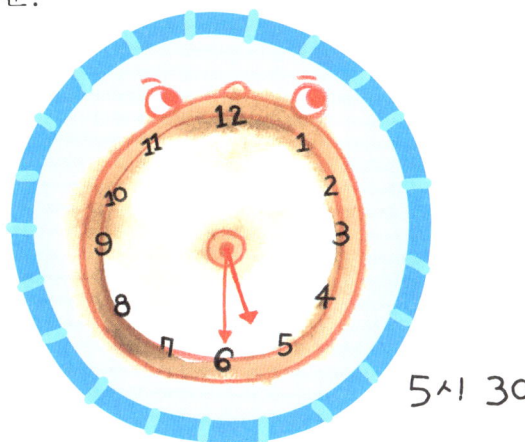

5시 30분

"긴 바늘이 6을 가리키고, 짧은 바늘이 7과 8사이에 있다면?"
"7시 30분!"
심바와 하로가 손뼉을 쳤어요.
"잘한다! 나나는 금방 배우는구나."

7시 30분

나나와 하로, 심바는 시계 밑에 나란히 앉아
시계를 쳐다보며 12시 30분이 되기를 기다렸어요.
"12시 30분은 긴 바늘이 6에 있고,
짧은 바늘은 12와 1사이를 가리켜야겠구나."
나나가 중얼거렸어요.

12시 30분

바늘이 정확히 12시 30분을 가리키자,
나나는 벌떡 일어나 거인 할아버지의 귀에 대고 징을 쳤어요.
"일어나세요! 12시 30분이에요."
거인 할아버지는 눈을 비비며 일어나 앉았어요.
"아흠, 그래도 졸립구나. 3분만 더 있다가 깨워라."
그러고는 그대로 쓰러져 다시 코를 골기 시작했어요.
"3분? 3분은 또 얼마만큼이야? 3인분은 알겠는데…."

1분

"나나야, 시계는 짧은 바늘이 시를 가리키고, 긴 바늘이 분을 가리키거든. 저기 작은 눈금이 보이니? 작은 눈금 하나가 1분이야."

"작은 눈금 1칸을 움직이면 1분, 2칸 움직이면 2분!"
"긴 바늘이 숫자 1을 가리키면 5분이야.

2분

5분

2를 가리키면 10분, 3을 가리키면 15분, 4는 20분."
"5는 25분, 6은 30분, 7은 35분, 8은 40분,
9는 45분, 10은 50분, 11은 55분, 12는 60분."

23분

"나나야, 이건 몇 시 몇 분일까?"
"짧은 바늘이 8과 9사이에 있으니까 8시.
긴 바늘이 4와 5사이에 있고, 4에서 3칸 더
움직였으니까 20분＋3분. 그러니까 8시 23분!"
"맞았어!" 하면서 하로가 나나의 볼에 뽀뽀를 했어요.

12시 33분이 되자
나나는 거인 할아버지를 깨웠어요.
"아웅, 잘 잤다.
시계에게 밥을 줄 시간이네."
거인 할아버지는
드르륵드르륵 시계태엽을 돌리면서
우렁찬 목소리로 노래를 불렀어요.

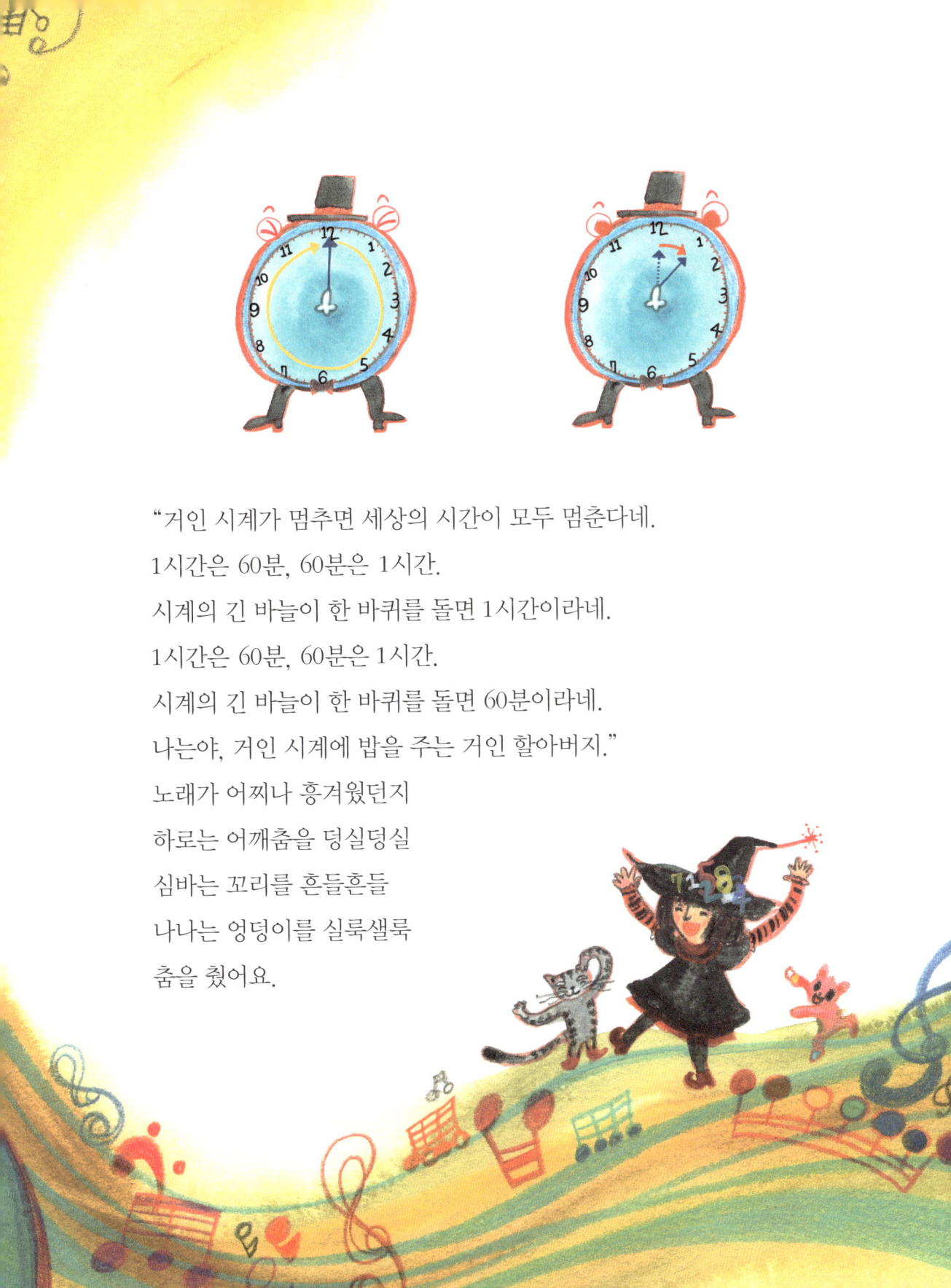

"거인 시계가 멈추면 세상의 시간이 모두 멈춘다네.
1시간은 60분, 60분은 1시간.
시계의 긴 바늘이 한 바퀴를 돌면 1시간이라네.
1시간은 60분, 60분은 1시간.
시계의 긴 바늘이 한 바퀴를 돌면 60분이라네.
나는야, 거인 시계에 밥을 주는 거인 할아버지."
노래가 어찌나 흥겨웠던지
하로는 어깨춤을 덩실덩실
심바는 꼬리를 흔들흔들
나나는 엉덩이를 실룩샐룩
춤을 췄어요.

"랄랄라, 우리는 세상의 시간을 청소하는 청소부.
먼지가 있으면 시간이 멈춘다네.
먼지가 없도록 쓸고 닦고 치우고 정리하자.
긴 바늘과 짧은 바늘 중 어느 게 더 빠를까?
긴 바늘은 빠른 토끼, 짧은 바늘은 느림보 거북.
긴 바늘이 한 바퀴를 돌 때 짧은 바늘은 1만큼 가지.
1만큼 가면 1시간. 1시간은 60분.
랄랄라, 우리는 시간을 청소하는 깨끗한 청소부."
나나는 심바랑 하로와 함께 계단을 닦고 복도를 쓸며
신나게 노래했어요.

1시 20분   2시 40분

1시 20분이었던 시계는 어느새 2시 40분이 되었어요.
"휴, 힘들다. 우리가 얼마 동안 일을 한 거지?"
"2시 40분에서 1시 20분을 빼면 돼."
"시간을 뺀다고? 어떻게?"

2 시 40 분
− 1 시 20 분
1시간 20 분

"시는 시끼리, 분은 분끼리 빼면 되는 거야.
1시간 20분 동안 일을 했구나."

5시 20분

7시 40분

7 시 40 분
− 5 시 20 분
2시간 20 분

"만약 5시 20분에 텔레비전을 보기 시작해서 7시 40분까지 봤다면 얼마나 본 걸까?"
거인 할아버지가 물었어요.

"시는 시끼리, 분은 분끼리 빼니까 2시간 20분요!"
"시계탑 청소를 하더니 아주 똑똑해졌구나."
거인 할아버지의 칭찬에 나나는 얼굴 가득 함박웃음을 지었어요.
이 이야기는 여기에서 끝이에요.
시간의 중요성을 알게 된 나나는 어떻게 됐을까요?

"엄마 아빠, 일어나세요. 6시예요."
"아빠, 출근하셔야죠. 7시 30분이에요."
"엄마, 간식 주실 시간이 10분 남았어요."
"아빠, 놀이동산에 갈 시간이 11시간 남았네요. 준비하셔야죠?"
나나는 시간을 아주 잘 지키는 어린이가 되었답니다.
늦잠꾸러기 아빠는 절대로 늦잠을 자지 못하게 됐고요,
깜박깜박 잊어버리던 엄마는 절대로 약속을 안 잊게 됐어요.
아참, 나나는 더는 거울 속 오르골 세상으로 가지 않았어요.
치오나 마녀가 나나네 옆집으로 이사를 왔거든요.
오르골이 너무 심심해서 견딜 수가 없다고요.
아이들은 마녀의 집으로 몰려가 재미난 수학을 배웠답니다.